Impressum
Verlag: BABADADA GmbH, Nedderfeld 112 , 22529 Hamburg
Geschäftsführer / Verlagsleitung: Harald Hof
Druck: Books on Demand GmbH, In de Tarpen 42, 22848 Norderstedt

Imprint
Publisher: BABADADA GmbH, Nedderfeld 112 , 22529 Hamburg, Germany
Managing Director / Publishing direction: Harald Hof
Print: Books on Demand GmbH, In de Tarpen 42, 22848 Norderstedt

σχολείο

училище

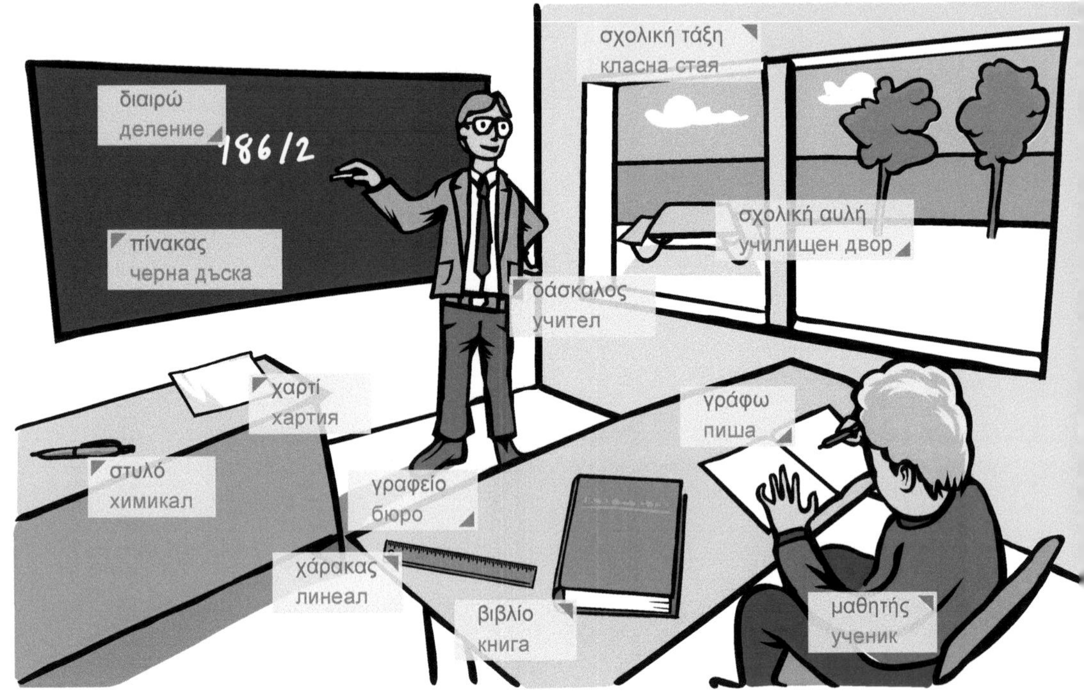
σχολική τάξη
класна стая
διαιρώ
деление
186/2
πίνακας
черна дъска
σχολική αυλή
училищен двор
δάσκαλος
учител
χαρτί
хартия
γράφω
пиша
στυλό
химикал
γραφείο
бюро
χάρακας
линеал
βιβλίο
книга
μαθητής
ученик

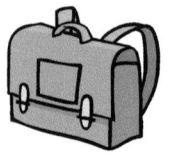

σχολική τσάντα

ученическа раница

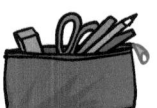

κασετίνα/ μολυβοθήκη

ученически несесер

μολύβι

молив

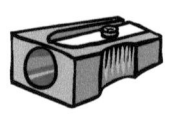

ξύστρα

острилка за моливи

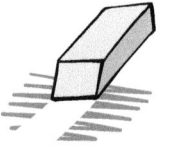

γόμα

гума

μπλοκ ζωγραφικής

блок за рисуване

ζωγραφική

рисунка

πινέλο

четка

κουτί χρωμάτων

акварелни бои

ψαλίδι

ножица

κόλλα

лепило

τετράδιο ασκήσεων

тетрадка за упражнения

εργασία για το σπίτι

домашна работа

αριθμός

число

προσθέτω

събиране

αφαιρώ

изваждане

πολλαπλασιάζω

умножение

υπολογίζω

смятане

γράμμα

буква

αλφάβητο

азбука

λέξη

дума

κείμενο

текст

διαβάζω

чета

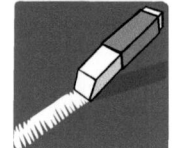

κιμωλία

тебешир

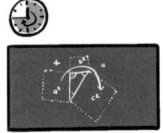

μάθημα

час

εγγράφομαι

дневник на класа

τεστ

изпит

πιστοποιητικό

свидетелство

μαθητική στολή

ученическа униформа

εκπαίδευση

образование

εγκυκλοπαίδεια

справочник

πανεπιστήμιο

университет

μικροσκόπιο

микроскоп

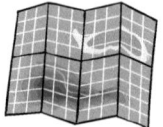

χάρτης

карта

καλάθι αχρήστων

кошче за хартиени отпадъци

ταξίδι
пътуване

ξενοδοχείο
хотел
ξενώνας
χостел
ανταλλακτήρια συναλλάγματος
обменно бюро
βαλίτσα
куфар
αυτοκίνητο
кола

γλώσσα

език

ναι / όχι

да / не

εντάξει

Окей

γεια σου

здравей

μεταφραστής

преводач

Ευχαριστώ

Благодаря

πόσο κάνει ;

Колко струва…?

Δε καταλαβαίνω

Не разбирам

πρόβλημα

проблем

Καλησπέρα!

Добър вечер!

Καλημέρα!

Добро утро!

Καληνύχτα!

Лека нощ!

Αντίο

довиждане

κατεύθυνση

посока

αποσκευές

багаж

τσάντα

пътна чанта

σακίδιο πλάτης

раница

καλεσμένος

посетител

δωμάτιο

стая

υπνόσακος

спален чувал

σκηνή

палатка

τουριστικές πληροφορίες

туристическа информация

παραλία

плаж

πιστωτική κάρτα

кредитна карта

πρωινό

закуска

μεσημεριανό

обед

δείπνο

вечеря

εισιτήριο

билет

ανελκυστήρας

асансьор

γραμματόσημο

пощенска марка

σύνορα

граница

τελωνείο

митница

πρεσβεία

посолство

βίζα

виза

διαβατήριο

паспорт

ταξίδι - пътуване

μεταφορά
транспорт

αεροπλάνο
самолет

πλοίο
кораб

πυροσβεστικό όχημα
пожарна кола

φορτηγό
товарен автомобил

λεωφορείο
автобус

χανοκίνητο σκάφος
торна лодка

αυτοκίνητο
кола

ποδήλατο
велосипед

φεριμπότ
....
ферибот

βάρκα
....
лодка

μοτοσικλέτα
....
мотоциклет

περιπολικό
....
полицейска кола

αγωνιστικό αυτοκίνητο
....
състезателна кола

ενοικιαζόμενο αυτοκίνητο
....
кола под наем

διαμοιρασμός αυτοκινήτων

каршеринг

γερανός

автомобил от "Пътна помощ"

απορριμματοφόρο

сметовоз

κινητήρας

двигател

καύσιμο

бензин

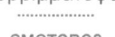

βενζινάδικο

бензиностанция

πινακίδα σήμανσης

пътен знак

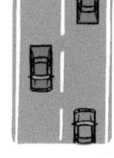

κυκλοφορία

улично движение

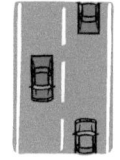

κυκλοφοριακή συμφόρηση

задръстване

χώρος στάθμευσης

паркинг

σιδηροδρομικός σταθμός

гара

σιδηροδρομικές γραμμές

релси

τρένο

влак

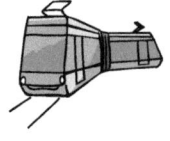

τραμ

трамвай

βαγόνι

вагон

ελικόπτερο

хеликоптер

αεροδρόμιο

аерогара

πύργος

кула

επιβάτης

пасажер

εμπορευματοκιβώτιο

контейнер

χαρτοκιβώτιο

кашон

καρότσι

ръчна количка

καλάθι

кошница

απογειώνομαι / προσγειόνομαι

излитам / приземявам се

πόλη
град

χωριό

село

κέντρο της πόλης

градски център

σπίτι

къща

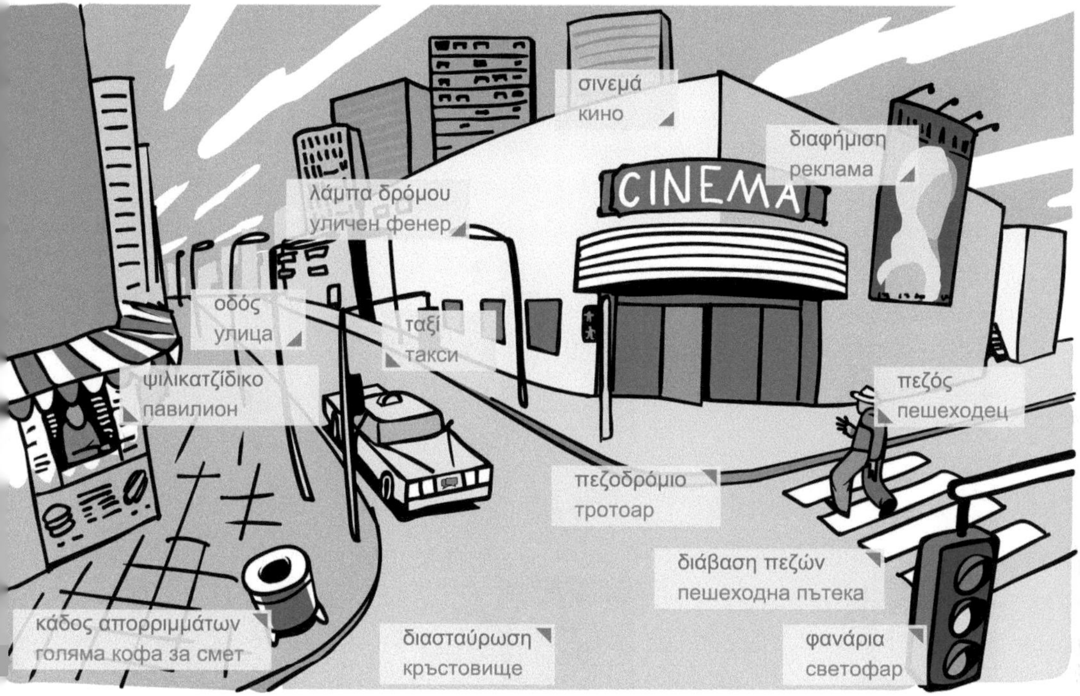

σινεμά
кино

διαφήμιση
реклама

λάμπα δρόμου
уличен фенер

CINEMA

οδός
улица

ταξί
такси

ψιλικατζίδικο
павилион

πεζός
пешеходец

πεζοδρόμιο
тротоар

διάβαση πεζών
пешеходна пътека

κάδος απορριμμάτων
голяма кофа за смет

διασταύρωση
кръстовище

φανάρια
светофар

καλύβα

хижа

διαμέρισμα

жилище

σιδηροδρομικός σταθμός

гара

δημαρχείο

кметство

μουσείο

музей

σχολείο

училище

πόλη - град

πανεπιστήμιο

университет

τράπεζα

банка

νοσοκομείο

болница

ξενοδοχείο

хотел

φαρμακείο

аптека

γραφείο

офис

βιβλιοπωλείο

книжарница

κατάστημα

магазин за цветя

ανθοπωλείο

магазин за цветя

σούπερ μάρκετ

супермаркет

αγορά

пазар

πολυκατάστημα

универсален магазин

ιχθυοπωλείο

търговец на риба

εμπορικό κέντρο

търговски център

λιμάνι

пристанище

πάρκο

парк

παγκάκι

пейка

γέφυρα

мост

σκάλες

стълба

μετρό

метро

τούνελ

тунел

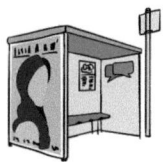

στάση λεωφορείου

автобусна спирка

μπαρ

бар

εστιατόριο

ресторант

γραμματοκιβώτιο

пощенска кутия

πινακίδα δρόμου

улична табелка

παρκόμετρο

часовник за паркинг
престой

ζωολογικός κήπος

зоологическа градина

πισίνα

плувен басейн

τζαμί

джамия

αγρόκτημα

селски двор

ρύπανση

замърсяване на околната
среда

νεκροταφείο

гробище

εκκλησία

църква

παιδική χαρά

детска площадка

ναός

храм

τοπίο

пейзаж

φύλλο
листо

πινακίδα κατεύθυνσης
пътепоказател

δρόμος
път

λιβάδι
ливада

πέτρα
камък

δέντρο
дърво

πεζοπόρος
пътешественик

ποτάμι
река

χορτάρι
трева

λουλούδι
цвете

κοιλάδα

долина

λόφος

планина

λίμνη

море

δάσος

гора

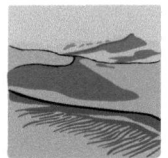

έρημος

пустиня

ηφαίστειο

вулкан

κάστρο

замък

ουράνιο τόξο

дъга

μανιτάρι

гъба

φοίνικας

палма

κουνούπι

комар

μύγα

муха

μυρμήγκι

мравка

μέλισσα

пчела

αράχνη

паяк

σκαθάρι

бръмбар

βάτραχος

жаба

σκίουρος

катеричка

σκαντζόχοιρος

таралеж

λαγός

заек

κουκουβάγια

кукумявка

πουλί

птица

κύκνος

лебед

αγριογούρουνο

диво прасе

ελάφι

елен

άλκη

лос

φράγμα

бент

ανεμογεννήτρια

вятърна турбина

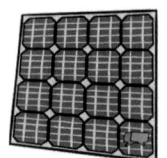

ηλιακός συλλέκτης

соларен модул

κλίμα

климат

εστιατόριο

ресторант

σερβιτόρος
келнер
κατάλογος
меню
καρέκλα
стол
σούπα
супа
πίτσα
пица
τραπεζομάντιλο
покривка за маса
μαχαιροπίρουνα
прибори за хранене

ορεκτικό

предястие

κύριο πιάτο

основно ястие

επιδόρπιο

десерт

ποτά

напитки

φαγητό

ядене

μπουκάλι

бутилка

φαστ φουντ

бързо хранене

φαγητό στ' όρθιο

улична храна

τσαγιέρα

кана за чай

δοχείο ζάχαρης

кутия за захар

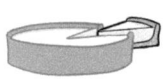

μερίδα

порция

μηχανή εσπρέσο

еспресо машина

ψηλή καρέκλα

висок детски стол

λογαριασμός

сметка

δίσκος

табла

μαχαίρι

ножица за нокти

πιρούνι

вилица

κουτάλι

лъжица

κουταλάκι του τσαγιού

чаена лъжичка

πετσέτα φαγητού

салфетка

ποτήρι

стъклена чаша

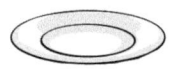

πιάτο

чиния

πιάτο σούπας

чиния за супа

πιατάκι φλιτζανιού

чинийка

σάλτσα

сос

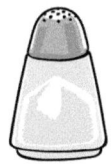

αλατιέρα

солница

μύλος για πιπέρι

мелничка за черен пипер

ξύδι

оцет

λάδι

олио

μπαχαρικά

подправки

κέτσαπ

кетчуп

μουστάρδα

горчица

μαγιονέζα

майонеза

σούπερ μάρκετ

супермаркет

προσφορά
оферта
πελάτης
клиент
γαλακτοκομικά προϊόντα
млечни продукти
φρούτα
плодове
καρότσι για ψώνια
количка за покупки

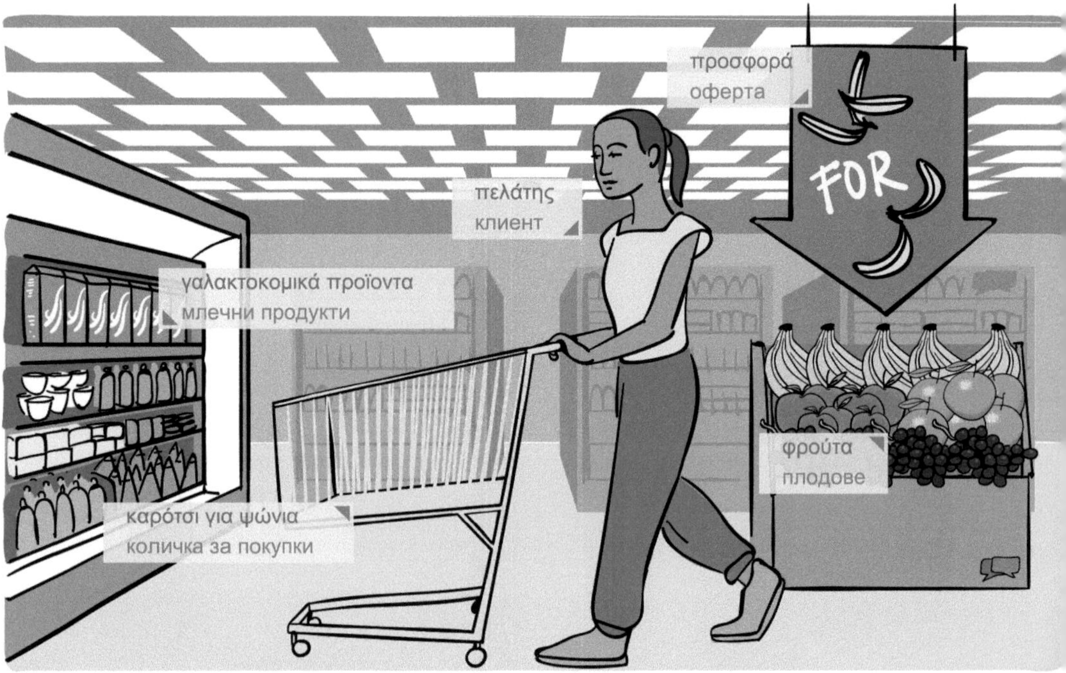

κρεοπωλείο

кланица

φούρνος

хлебарница

ζυγίζω

тегля

λαχανικά

зеленчуци

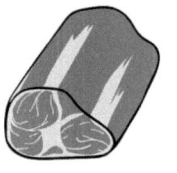

κρέας

месо

κατεψυγμένα τρόφιμα

дълбоко замразена храна

αλλαντικά

нарязан колбас или сирене

κονσερβοποιημένη τροφή

консерви

απορρυπαντικό ρούχων

перилен препарат

γλυκά

лакомства

οικιακά είδη

домакински изделия

καθαριστικά προϊόντα

почистващи препарати

πωλήτρια

продавачка

ταμείο

каса

ταμίας

касиер

λίστα για ψώνια

списък на покупките

ωράριο λειτουργίας

работно време

πορτοφόλι

портфейл

πιστωτική κάρτα

кредитна карта

τσάντα

чанта

πλαστική σακούλα

пластмасова торба

ποτά

напитки

νερό

вода

χυμός

сок

γάλα

мляко

κόκα κόλα

кола

κρασί

вино

μπίρα

бира

αλκοόλ

алкохол

κακάο

какао

τσάι

чай

καφές

кафе машина

εσπρέσο

еспресо

καπουτσίνο

капучино

μπανάνα

банан

μήλο

ябълка

πορτοκάλι

портокал

πεπόνι

пъпеш

λεμόνι

лимон

καρότο

морков

σκόρδο

чесън

μπαμπού

бамбук

κρεμμύδι

лук

μανιτάρι

гъба

ξηροί καρποί

ядки

νουντλς

макарони

μακαρόνια

спагети

ρύζι

ориз

σαλάτα

салата

πατατάκια

пържени картофи

τηγανητές πατάτες

печени картофи

πίτσα

пица

χάμπουργκερ

хамбургер

σάντουιτς

сандвич

κοτολέτα

шницел

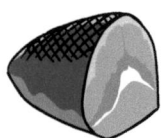

ζαμπόν

шунка

σαλάμι

траен колбас

λουκάνικο

салам

κοτόπουλο

пиле

ψητό

печено

ψάρι

риба

χυλός βρώμης

овесени ядки

μούσλι

мюсли

κορν φλέικς

корнфлейкс

αλεύρι

брашно

κρουασάν

кроасан

ψωμάκι

хлебчета

ψωμί

хляб

τοστ

препечена филийка

μπισκότα

бисквити

βούτυρο

масло

τυρόπηγμα

извара

κέικ

сладкиш

αυγό

яйце

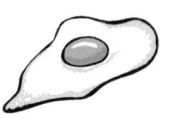

τηγανητό αυγό

яйца на очи

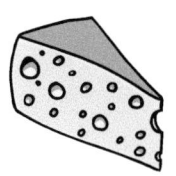

τυρί

сирене

παγωτό

сладолед

ζάχαρη

захар

μέλι

мед

μαρμελάδα

мармалад

άλλειμμα σοκολάτας

нуга крем

κάρυ

къри

αγρόκτημα

селски двор

αγρόσπιτο
селска къща
δεμάτι άχυρου
бала сено
αχυρώνας
плевня
χωράφι
поле
αλόγο
кон
ρυμουλκούμενο
ремарке
τρακτέρ
трактор
πουλάρι
конче
γάιδαρος
магаре
πρόβατο
овца
αρνί
агне

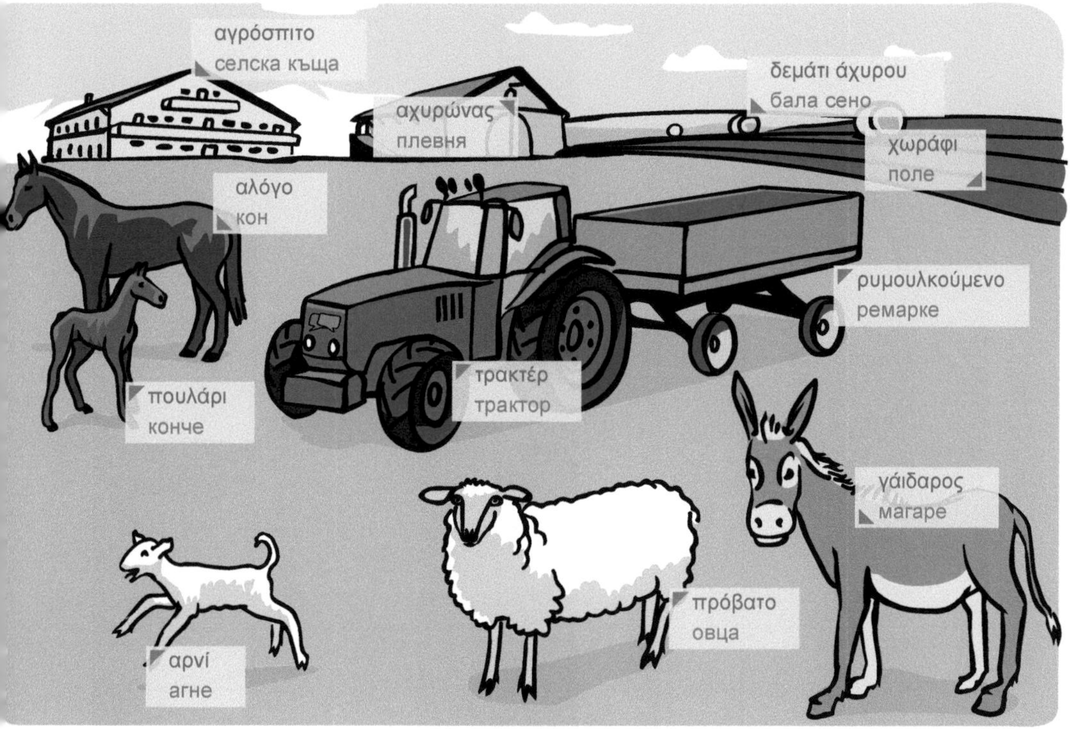

κατσίκα

коза

αγελάδα

крава

μοσχαράκι

теле

γουρούνι

свиня

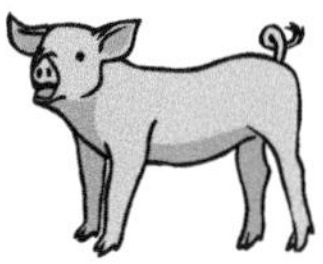

γουρουνάκι

прасенце

ταύρος

бик

χήνα

гъска

πάπια

патица

κοτοπουλάκι

пиленце

κότα

кокошка

κόκορας

петел

αρουραίος

плъх

γάτα

котка

ποντίκι

мишка

βόδι

вол

σκύλος

куче

σπιτάκι σκύλου

кучешка колиба

λάστιχο κήπου

градински маркуч

ποτιστήρι

лейка

θεριστήρι

коса

αλέτρι

плуг

δρεπάνι

сърп

τσάπα

мотика

δίκρανο

вила за тор

τσεκούρι

брадва

χειράμαξα

ръчна количка

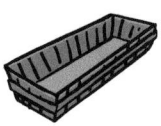

ταΐστρα

корито

δοχείο γάλακτος

съд за мляко

σάκος

чувал

φράχτης

ограда

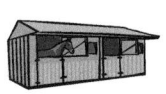

στάβλος

обор

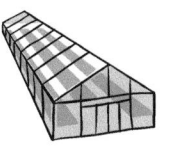

θερμοκήπιο

парник

έδαφος

земя

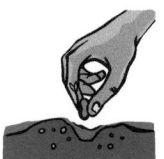

σπόρος

сеитба

λίπασμα

тор

θεριζοαλωνιστική μηχανή

комбайн

θερίζω

жъна

συγκομιδή

реколта

γιαμς

ямс

σιτάρι

жито

σόγια

соя

πατάτα

картоф

καλαμπόκι

царевица

κράμβη

рапица

οπωροφόρο δέντρο

овощно дърво

μανιόκα

маниока

δημητριακά

зърнени храни

σπίτι

къща

καμινάδα
комин
στέγη
покрив
υδρορροή
улук
παράθυρο
прозорец
γκαράζ
гараж
κουδούνι
звънец
πόρτα
врата
σκουπιδοτενεκές
кофа за боклук
γραμματοκιβώτιο
пощенска кутия
κήπος
градина

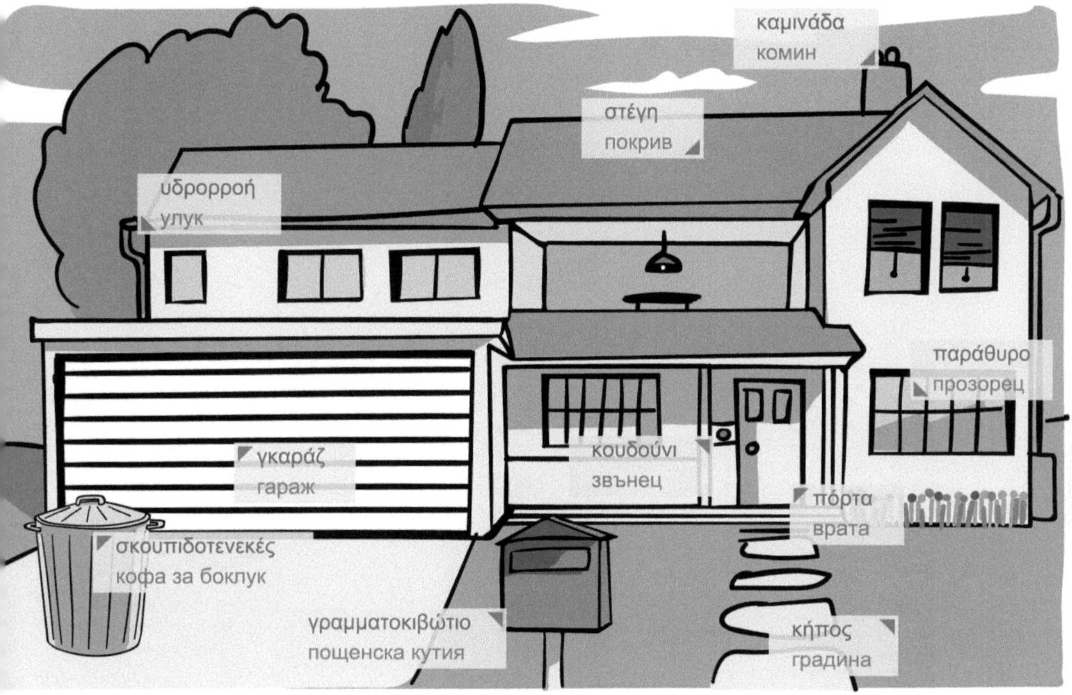

σαλόνι

всекидневна

μπάνιο

баня

κουζίνα

кухня

υπνοδωμάτιο

спалня

παιδικό δωμάτιο

детска стая

τραπεζαρία

трапезария

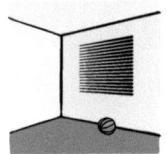

πάτωμα

под

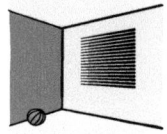

τοίχος

стена

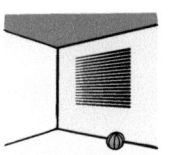

οροφή

таван

κελάρι

изба

σάουνα

сауна

μπαλκόνι

балкон

βεράντα

тераса

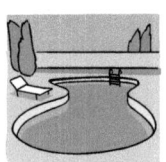

πισίνα

плувен басейн

μηχανή του γκαζόν

косачка

σεντόνι

спално бельо

κάλυμμα κρεβατιού

покривка за легло

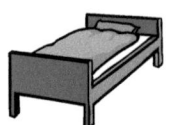

κρεβάτι

легло

σκούπα

метла

κουβάς

кофа

διακόπτης

електрически ключ

σαλόνι
всекидневна

ταπετσαρία
тапет
φωτογραφία
картина
λάμπα
лампа
ράφι
рафт
ντουλάπι
шкаф
τηλεόραση
телевизор
τζάκι
камина
λουλούδι
цвете
μαξιλάρι
възглавница
καναπές
канапе
βάζο
ваза
τηλεκοντρόλ
дистанционно управление

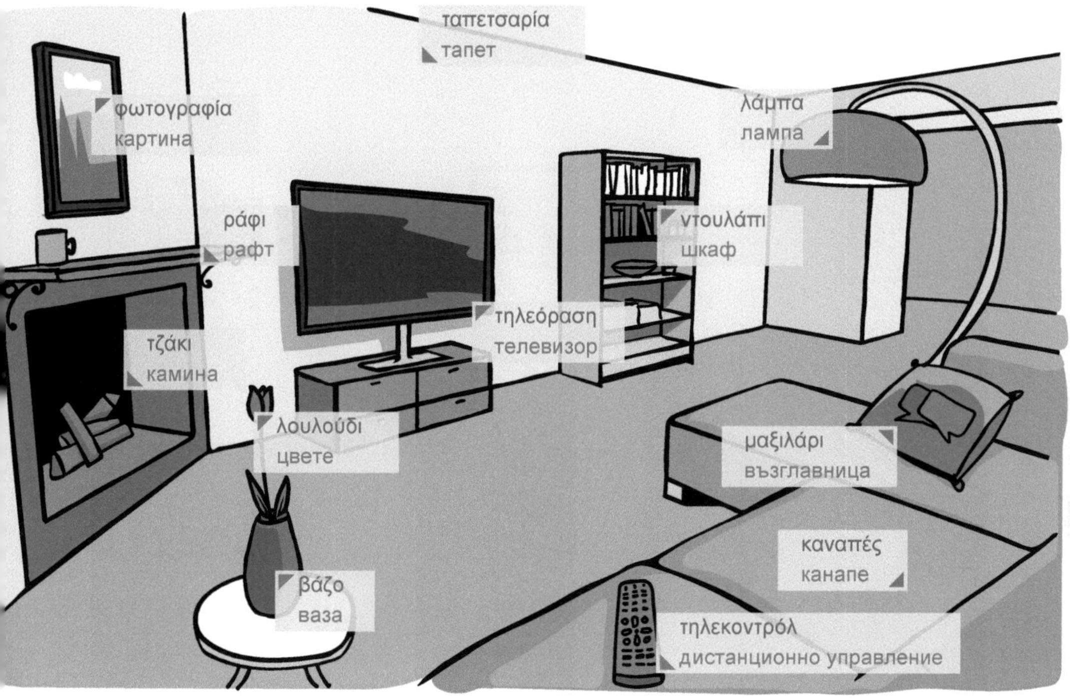

χαλί
....
килим

κουρτίνα
....
завеса

τραπέζι
....
маса

καρέκλα
....
стол

κουνιστή πολυθρόνα
....
люлеещ се стол

πολυθρόνα
....
кресло

βιβλίο

книга

κουβέρτα

одеяло

διακόσμηση

декорация

καυσόξυλα

дърва за отопление

ταινία

филм

στερεοφωνικό σύστημα

стерео уредба

κλειδί

ключ

εφημερίδα

вестник

πίνακας ζωγραφικής

живопис

αφίσα

постер

ραδιόφωνο

радио

σημειωματάριο

бележник

ηλεκτρική σκούπα

прахосмукачка

κάκτος

кактус

κερί

свещ

κουζίνα
кухня

ψυγείο
хладилник
φούρνος μικροκυμάτων
микровълнова фурна
ζυγαριά κουζίνας
кухненска везна
τοστιέρα
тостер
απορρυπαντικό
почистващо средство
φούρνος
фурна
κατάψυξη
хладилна камера
σκουπιδοτενεκές
кофа за боклук
πλυντήριο πιάτων
миялна машина

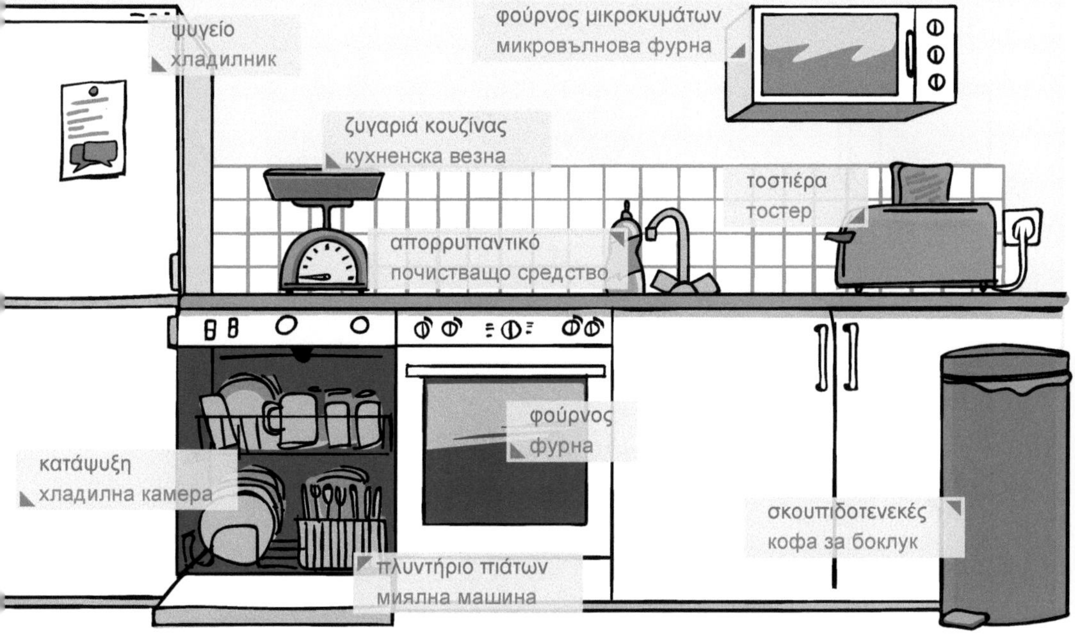

κουζίνα
готварска печка

κατσαρόλα
тенджера

μαντεμένια κατσαρόλα
желязна тенджера

γουόκ/καντάι
уок / кадаи

τηγάνι
тиган

βραστήρας
кана за затопляне на вода

κουζίνα - кухня 35

ατμομάγειρας

уред за готвене на пара

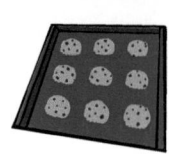

ταψί

тава за печене

πιατικά

съдове

κούπα

чаша

μπολ

купа

ξυλάκια

клечки за хранене

κουτάλα

черпак

σπάτουλα

лопатка за тиган

ανακατεύω

тел за разбиване (на яйца, белтъци)

σουρωτήρι

кошница за варене

σουρωτηράκι

гевгир

τρίφτης

ренде

γουδί

хаван

ψησταριά

барбекю

ανοιχτή φωτιά

огнище

σανίδα κοπής

дъска

πλάστης

точилка

ανοιχτήρι φελλών

тирбушон

κονσέρβα

кутия

ανοιχτήρι κονσέρβας

отварачка за консерви

γάντι φούρνου

кухненска ръкохватка

νεροχύτης

мивка

βούρτσα

четка

σφουγγάρι

гъба

μπλέντερ

миксер

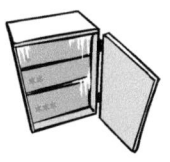

καταψύκτης

фризер

μπιμπερό

бебешко шише

βρύση

воден кран

μπάνιο
баня

ντους
душ
θέρμανση
отопление
πετσέτα
хавлиена кърпа
κουρτίνα ντουζ
завеса за баня
αφρόλουτρο
шампоан за вана
μπανιέρα
вана
ποτήρι
стъклена чаша
πλυντήριο ρούχων
перална машина
βρύση
воден кран
πλακάκια
плочки
γιογιό
гърне
νεροχύτης
мивка

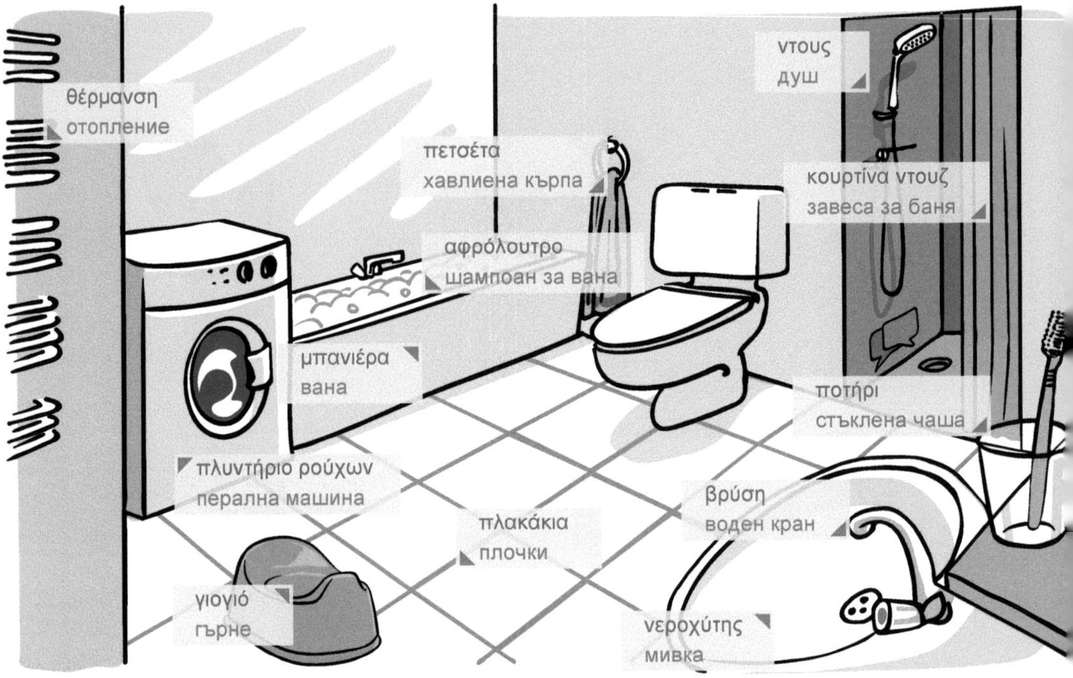

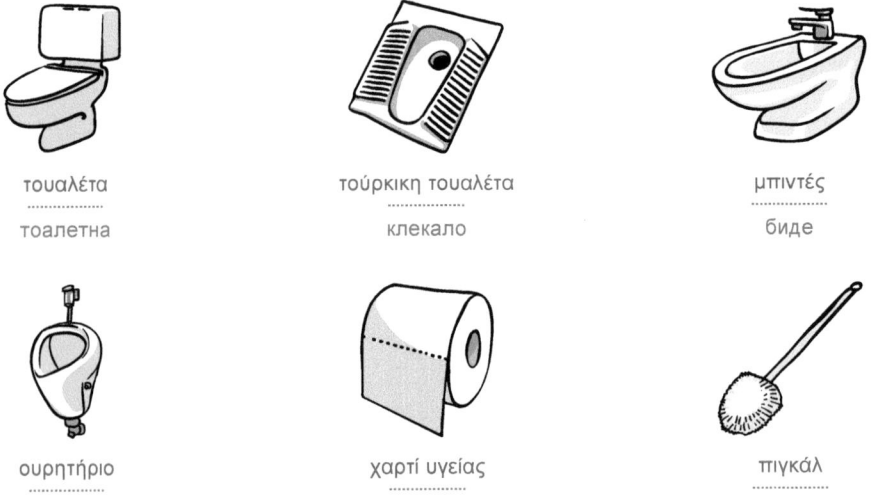

τουαλέτα
тоалетна

τούρκικη τουαλέτα
клекало

μπιντές
биде

ουρητήριο
писоар

χαρτί υγείας
тоалетна хартия

πιγκάλ
четка за тоалетна

οδοντόβουρτσα

четка за зъби

οδοντόκρεμα

паста за зъби

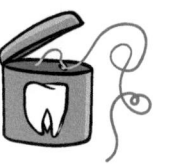

οδοντικό νήμα

конец за зъби

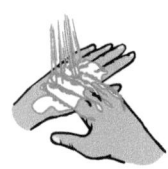

πλένω

мия

τηλέφωνο ντους

ръчен душ

ντουσιέρα

интимен душ

λεκάνη

леген

βούρτσα πλάτης

четка за гръб

σαπούνι

сапун

αφρόλουτρο

душ гел

σαμπουάν

шампоан за вана

φανέλα

гъба за баня

σιφόνι

сифон

κρέμα

крем

αποσμητικό

дезодорант

καθρέφτης

огледало

καθρέφτης χειρός

козметично огледало

ξυραφάκι

ръчна самобръсначка

αφρός ξυρίσματος

пяна за бръснене

αφτερσέιβ

одеколон за след
бръснене

χτένα

гребен

βούρτσα

четка

σεσουάρ

сешоар

λακ

спрей за коса

μακιγιάζ

грим

κραγιόν

червило

βερνίκι νυχιών

лак за нокти

βαμβάκι

памук

ψαλίδι νυχιών

ножица за нокти

άρωμα

парфюм

νεσεσέρ

тоалетна чантичка

σκαμπό

табуретка

ζυγαριά

везна

μπουρνούζι

хавлия

ελαστικά γάντια

домакински ръкавици

ταμπόν

тампон

πετσέτα υγιεινής

дамски превръзки

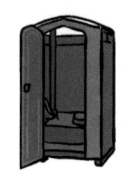

χημική τουαλέτα

химическа тоалетна

μπάνιο - баня

παιδικό δωμάτιο

детска стая

ξυπνητήρι
будилник
λούτρινο ζωάκι
плюшена играчка
αυτοκινητάκι
автомобил играчка
κουδουνίστρα
дрънкалка
κουκλόσπιτο
къща за кукли
δώρο
подарък

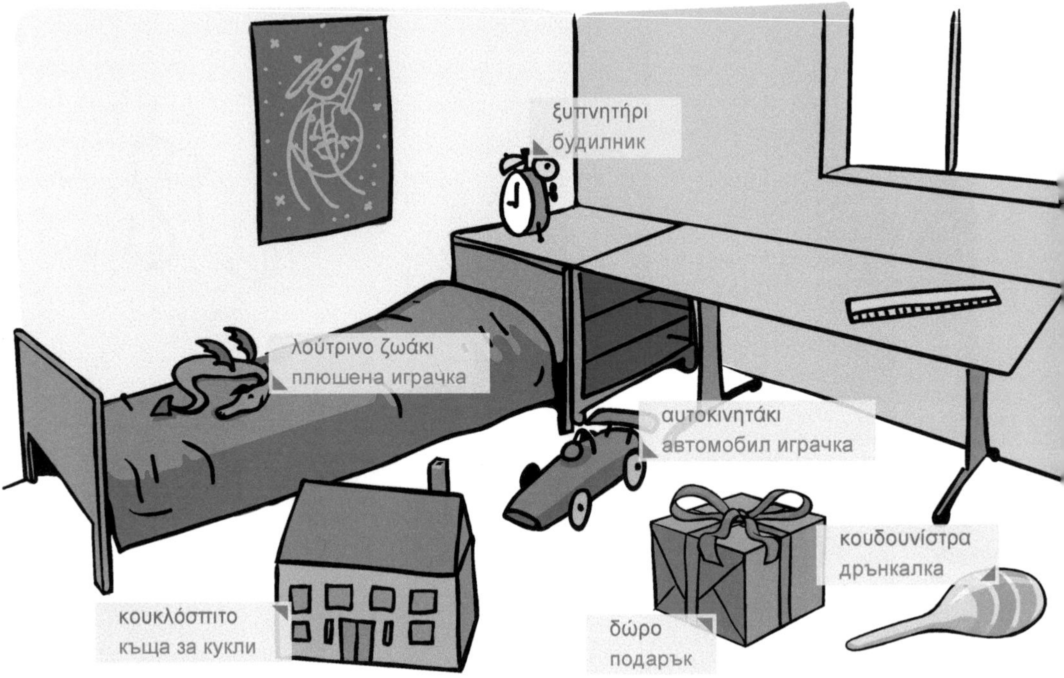

μπαλόνι

балон

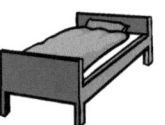

κρεβάτι

легло

καροτσάκι

детска количка

τράπουλα

игра на карти

παζλ

пъзел

κόμικς

комикс

τουβλάκια lego

лего елементи

τουβλάκια κατασκευών

строителни елементи

φιγούρα δράσης

екшън фигурка

βρεφικό φορμάκι

бебешки гащеризон

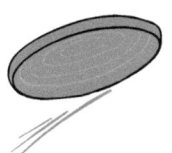

φρίσμπι

фрисби

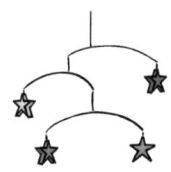

μόμπιλο

бебешки играчки за легло

επιτραπέζιο παιχνίδι

настолна игра

ζάρια

зарче

σετ τρενάκι

миниатюрно влакче

πιπίλα

биберон

πάρτι

парти

εικονογραφημένο βιβλίο

детска книга с илюстрации

μπάλα

топка

κούκλα

кукла

παίζω

играя

σκάμμα με άμμο

пясъчник

κούνια

люлка

παιχνίδια

играчка

κονσόλα βιντεοπαιχνιδιών

игрова конзола

τρίκυκλο

велосипед с три колелета

αρκουδάκι

плюшено мече

ντουλάπα

гардероб

ρούχα
облекло

κάλτσες

къси чорапи

καλτσοδέτες

дълги чорапи

καλσόν

чорапогащник

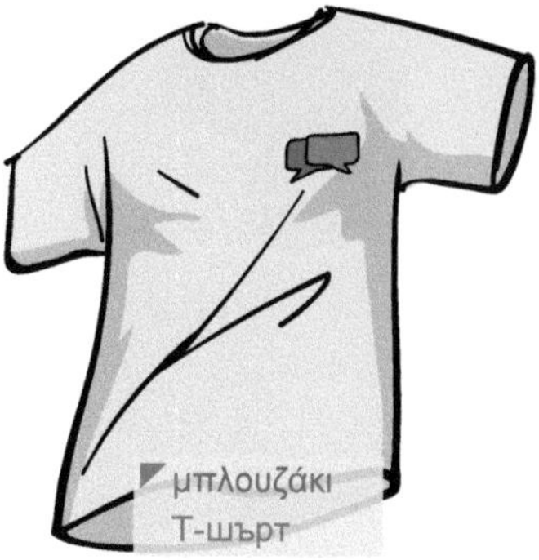

κασκόλ
шал

ζώνη
колан

ομπρέλα
чадър

μπλουζάκι
Т-шърт

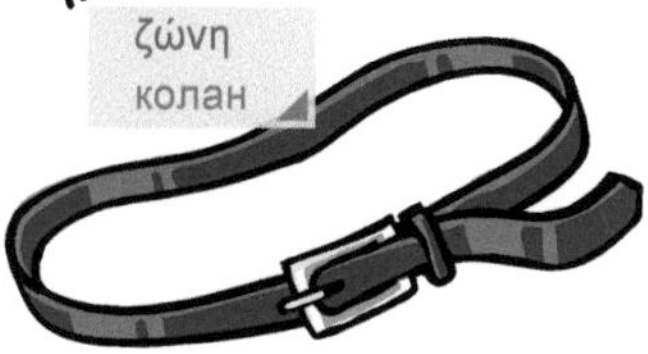

μπότες
ботуши

αθλητικά παπούτσια
гуменки

παντόφλες
пантофи

σανδάλια
сандали

παπούτσια
обувки

γαλότσες
гумени ботуши

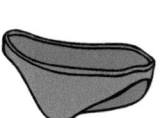

εσώρουχο
слип

σουτιέν
сутиен

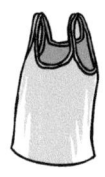

φανέλα
долна блуза

σώμα

боди

παντελόνι

панталон

τζιν παντελόνι

дънки

φούστα

пола

μπλούζα

блуза

πουκάμισο

риза

πουλόβερ

пуловер

πουλόβερ

суичър

σακάκι

блейзър

μπουφάν

яке

παλτό

палто

αδιάβροχο πανωφόρι

дъждобран

κοστούμι

костюм

φόρεμα

рокля

νυφικό

булчинска рокля

κοστούμι

костюм

νυχτικό

нощница

πιτζάμες

пижама

σάρι

сари

μαντήλι

кърпа за глава

τουρμπάνι

тюрбан

μπούρκα

бурка

καφτάνι

кафтан

μουσουλμανικό ένδυμα

абая

ολόσωμο μαγιό

бански костюм

ανδρικό μαγιό

плувни шорти

σορτς

къс панталон

αθλητική φόρμα

анцуг

ποδιά

престилка

γάντια

ръкавици

κουμπί

копче

γυαλιά

очила

βραχιόλι

гривна

περιδέραιο

верижка

δαχτυλίδι

пръстен

σκουλαρίκι

обеца

καπέλο

каскет

κρεμάστρα

закачалка

καπέλο

шапка

γραβάτα

вратовръзка

φερμουάρ

цип

κράνος

каска

τιράντες

тиранти

μαθητική στολή

ученическа униформа

στολή

униформа

σαλιάρα

лигавник

πιπίλα

биберон

πάνα

пелена

γραφείο

офис

σέρβερ
сървър
αρχειοθήκη
шкаф за документи
εκτυπωτής
принтер
χαρτί
хартия
οθόνη
монитор
ποντίκι
мишка
бюро
ντοσιέ
папка
πληκτρολόγιο
клавиатура
καλάθι αχρήστων
кошче за хартиени отпадъци
υπολογιστής
компютър
καρέκλα
стол

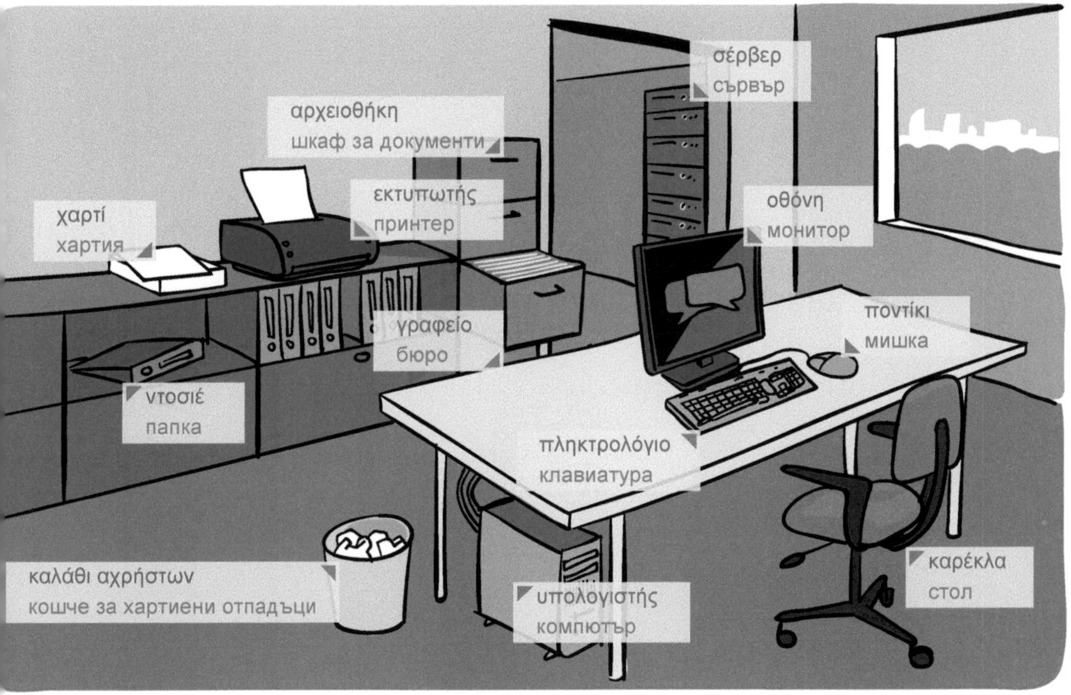

κούπα του καφέ

чаша за кафе

κομπιουτεράκι

джобен калкулатор

ίντερνετ

интернет

λάπτοπ
лаптоп

γράμμα
писмо

μήνυμα
съобщение

κινητό
мобилен телефон

δίκτυο
мрежа

φωτοτυπικό μηχάνημα
ксерокс

λογισμικό
софтуер

τηλέφωνο
телефон

πρίζα
контакт

συσκευή φαξ
факс

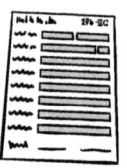

έντυπο
формуляр

έγγραφο
документ

αγοράζω

купувам

πληρώνω

плащам

συναλλάσσομαι

търгувам

χρήματα

пари

USD

δολάριο

долар

EUR

ευρώ

евро

JPY

γιεν

йена

RUB

ρούβλι

рубла

CHF

ελβετικό φράγκο

швейцарски франк

CNY

ρενμίνμπι γιουάν

ренминби юан

INR

ρουπία

рупия

ATM (αυτόματη ταμειακή μηχανή)

банкомат

αvταλλακτήρια συναλλάγματος

обменно бюро

χρυσός

злато

ασήμι

сребро

πετρέλαιο

нефт

ενέργεια

енергия

τιμή

цена

συμβόλαιο

договор

φόρος

данък

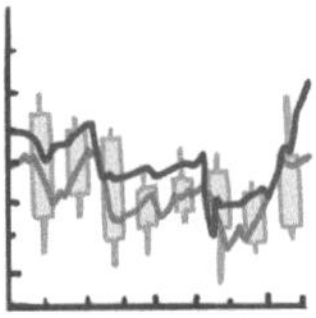

μετοχή

акция

δουλεύω

работя

υπάλληλος

служител

εργοδότης

работодател

εργοστάσιο

фабрика

κατάστημα

магазин за цветя

επαγγέλματα

професии

αστυνόμος
полицай
πυροσβέστης
пожарникар
μάγειρας
готвач
γιατρός
лекар
πιλότος
пилот

κηπουρός

градинар

ξυλουργός

мебелист

μοδίστρα

шивачка

δικαστής

съдия

χημικός

химик

ηθοποιός

артист

οδηγός λεωφορείου

шофьор на автобус

ταξιτζής

шофьор на такси

ψαράς

рибар

καθαρίστρια

чистачка

τεχνίτης στεγών

майстор на покриви

σερβιτόρος

келнер

κυνηγός

ловец

ζωγράφος

художник

αρτοποιός

хлебар

ηλεκτρολόγος

електротехник

οικοδόμος

строителен работник

μηχανολόγος

инженер

κρεοπώλης

касапин

υδραυλικός

тенекеджия

ταχυδρόμος

пощальон

στρατιώτης

войник

αρχιτέκτονας

архитект

ταμίας

касиер

ανθοπώλης

цветар

κομμωτής

фризьор

ελεγκτής εισιτηρίων

кондуктор

μηχανικός

механик

καπετάνιος

капитан

οδοντίατρος

зъболекар

επιστήμονας

научен работник

ραβίνος

равин

ιμάμης

имàм

μοναχός

монах

ιερέας

свещеник

εργαλεία

инструменти

σφυρί
чук
πένσα
клещи
κατσαβίδι
отвертка
φακός
джобна лампа
Γαλλικό κλειδί
гаечен ключ

εκσκαφέας

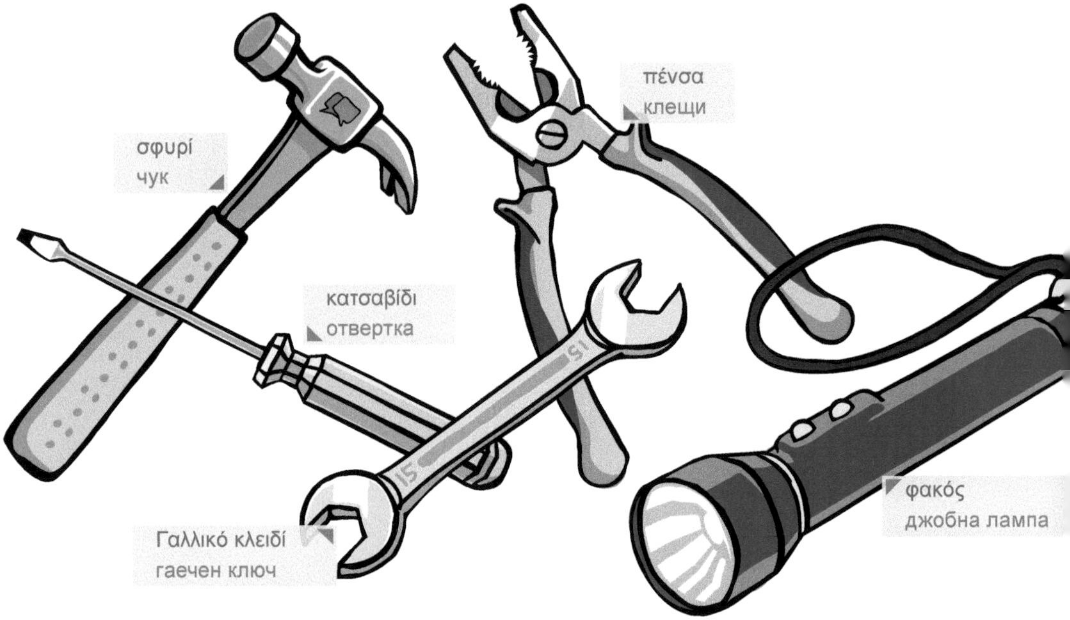

багер

εργαλειοθήκη

кутия за инструменти

σκάλα

стълба

πριόνι

трион

καρφιά

пирони

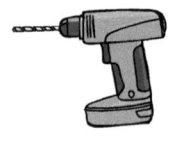

τρυπάνι

бормашина

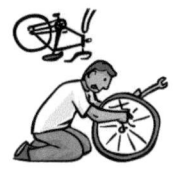

επισκευάζω

ремонтирам

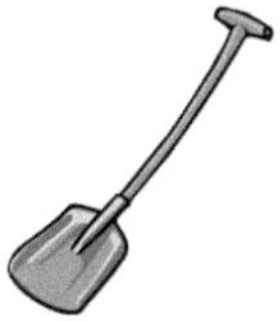

φτυάρι

лопата

Να πάρει!

По дяволите!

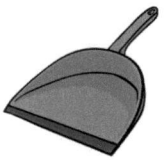

φαράσι

лопатка за смет

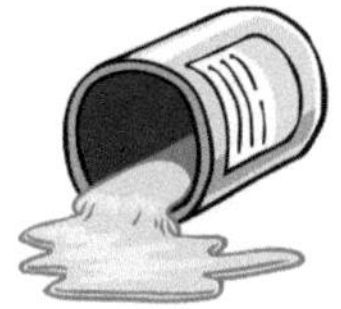

δοχείο χρωμάτων

кутия за боя

βίδες

болтове

μουσικά όργανα
музикални инструменти

μεγάφωνο
високоговорител
ντραμς
ударни инструменти
κιθάρα
китара
κοντραμπάσο
контрабас
τρομπέτα
тромпет

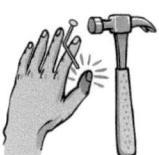

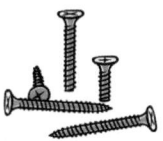

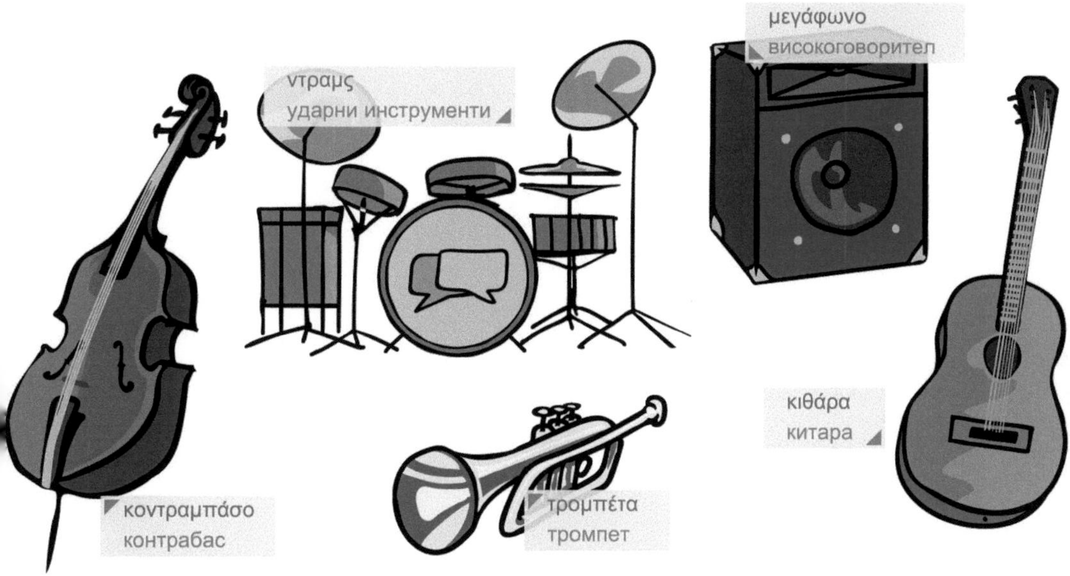

πιάνο

пиано

βιολί

виолина

μπάσο

контрабас

τύμπανα

тимпан

τύμπανο

барабан

πλήκτρα

електрическо пиано

σαξόφωνο

саксофон

φλάουτο

флейта

μικρόφωνο

микрофон

μουσικά όργανα - музикални инструменти

ζωολογικός κήπος

зоологическа градина

είσοδος
вход
τίγρης
тигър
κλουβί
бръмбар
ζέβρα
зебра
ζωοτροφή
храна за животни
πάντα
панда

ζώα

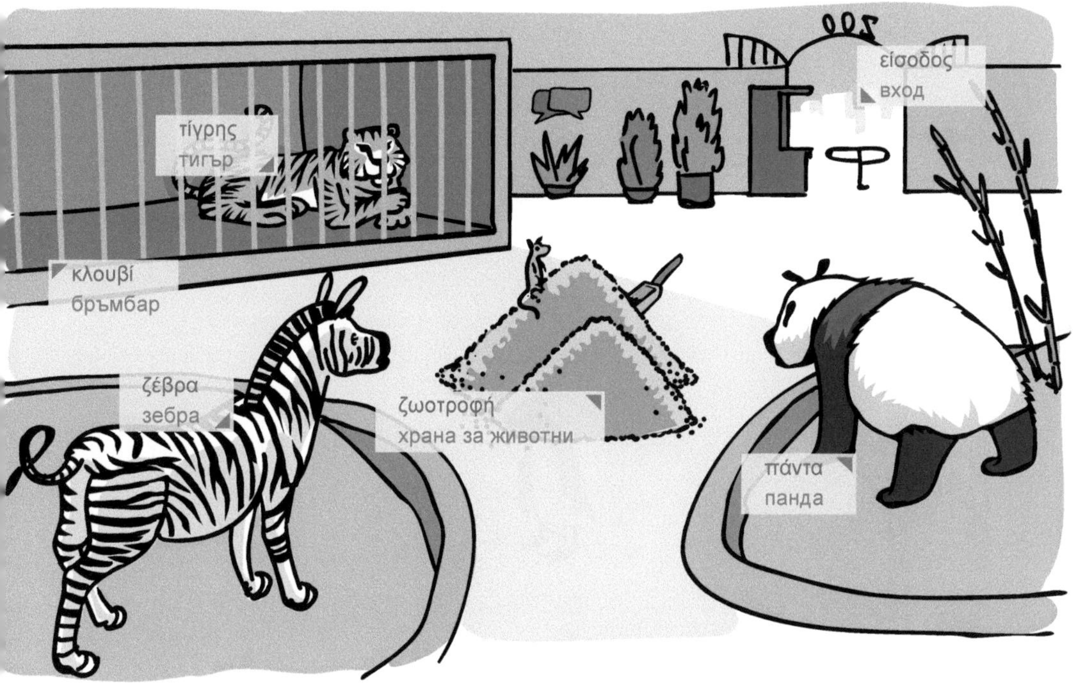

животни

ελέφαντας

слон

καγκουρό

кенгуру

ρινόκερος

носорог

γορίλας

горила

αρκούδα

мечка

καμήλα

камила

στρουθοκάμηλος

щраус

λιοντάρι

лъв

πίθηκος

маймуна

φλαμίνγκο

фламинго

παπαγάλος

папагал

πολική αρκούδα

бяла мечка

πιγκουίνος

пингвин

καρχαρίας

акула

παγώνι

паун

φίδι

змия

κροκόδειλος

крокодил

φύλακας ζωολογικού κήπου

пазач в зоологическа
градина

φώκια

тюлен

τζάγκουαρ

ягуар

πόνυ

пони

λεοπάρδαλη

леопард

ιπποπόταμος

хипопотам

καμηλοπάρδαλη

жираф

αετός

орел

αγριογούρουνο

диво прасе

ψάρι

риба

χελώνα

костенурка

θαλάσσιος ίππος

морж

αλεπού

лисица

γαζέλα

газела

Αμερικάνικο ποδόσφαιρο
американски футбол

ποδηλασία
колоездене

αντισφαίριση
тенис

μπάσκετ
баскетбол

κολύμβηση
плуване

χόκεϊ επί πάγου
хокей на лед

πυγμαχία
бокс

ποδόσφαιρο
....
футбол

μπάντμιντον
....
бадминтон

στίβος
....
лека атлетика

χάντμπολ
....
хандбал

σκι
....
ски бягане

πόλο
....
поло

πηδάω
скачам

αγκαλιάζω
прегръщам

γελάω
смея се

περπατάω
вървя

τραγουδάω
пея

ονειρεύομαι
сънувам

προσεύχομαι
моля се

φιλάω
целувам

γράφω

пиша

σχεδιάζω

рисувам

δείχνω

показвам

πιέζω

бутам

δίνω

давам

παίρνω

взимам

έχω

имам

κάνω

правя

είμαι

съм

στέκομαι

стоя

τρέχω

тичам

τραβάω

дърпам

ρίχνω

хвърлям

πέφτω

падам

ξαπλώνω

лежа

περιμένω

чакам

κουβαλώ

нося

κάθομαι

седя

φοράω

обличам

κοιμάμαι

спя

ξυπνάω

събуждам се

κοιτάω

разглеждам

κλαίω

плача

χαϊδεύω

милвам

χτενίζω

реша се

μιλάω

говоря

καταλαβαίνω

разбирам

ρωτάω

питам

ακούω

слушам

πίνω

пия

τρώω

ям

συγυρίζω

разтребвам

αγαπάω

обичам

μαγειρεύω

готвя

οδηγώ

карам автомобил

πετάω

летя

κάνω ιστιοπλοΐα

плавам (с платна)

υπολογίζω

смятане

διαβάζω

чета

μαθαίνω

уча

δουλεύω

работя

παντρεύομαι

женя се

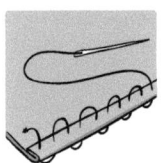

ράβω

шия

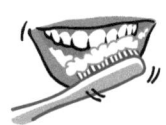

βουρτσίζω τα δόντια

измивам си зъбите

σκοτώνω

убивам

καπνίζω

пуша

στέλνω

изпращам

γιαγιά
баба

παππούς
дядо

πατέρας
баща

μητέρα
майка

μωρό
бебе

κόρη
дъщеря

γιος
син

καλεσμένος

посетител

θεία

леля

θείος

чичо

αδελφός

брат

αδελφή

сестра

σώμα

тяло

μέτωπο
чело
μάτι
око
ώμος
рамо
δάχτυλο
пръст
πρόσωπο
лице
πιγούνι
брадичка
χέρι
ръка
πόδι
крак
στήθος
гърди
βραχίονας
ръка

μωρό

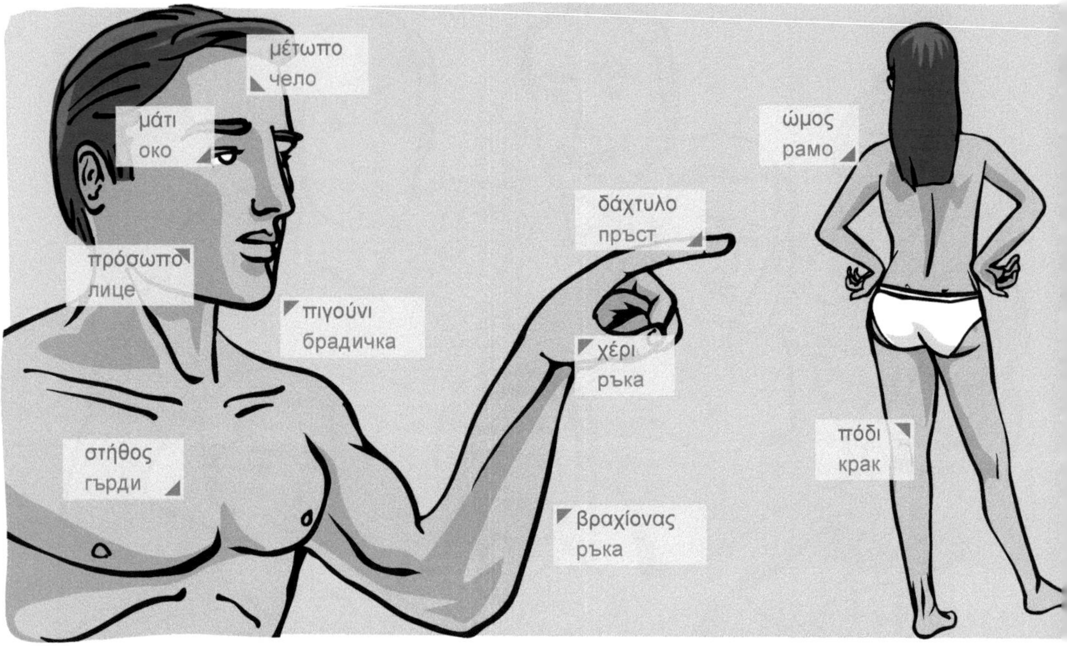

бебе

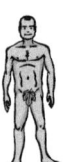

άνδρας

мъж

γυναίκα

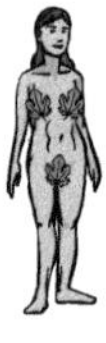

жена

κορίτσι

момиче

αγόρι

момче

κεφάλι

глава

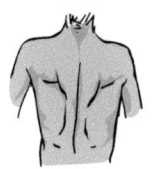

πλάτη

гръб

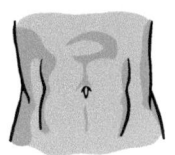

κοιλιά

корем

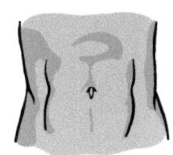

αφαλός

пъп

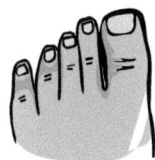

δάχτυλο ποδιού

пръст на крака

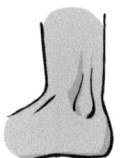

φτέρνα

пета

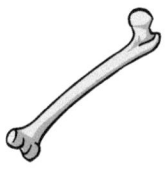

κόκκαλο

кост

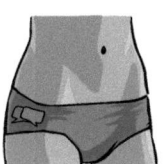

γοφός

хълбок

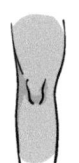

γόνατο

коляно

αγκώνας

лакът

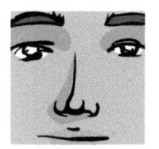

μύτη

нос

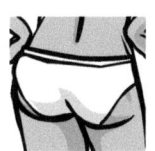

γλουτός

седалище

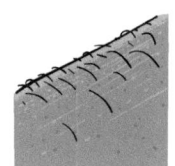

δέρμα

кожа

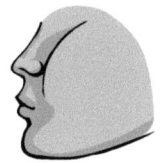

μάγουλο

буза

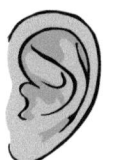

αυτί

ухо

χείλος

устна

στόμα

уста

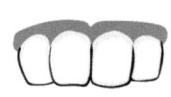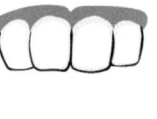

δόντι

зъб

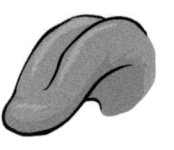

γλώσσα

език

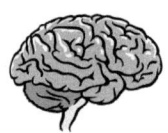

εγκέφαλος

мозък

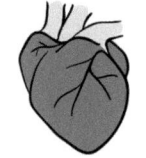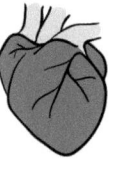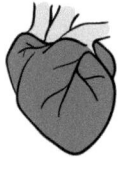

καρδιά

сърце

μυς

мускул

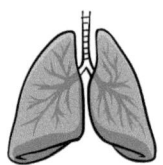

πνεύμονας

бял дроб

συκώτι

черен дроб

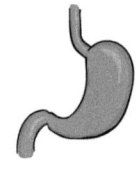

στομάχι

стомах

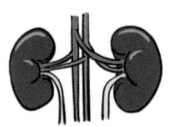

νεφρά

бъбреци

σεξουαλική επαφή

полово сношение

προφυλακτικό

кондом

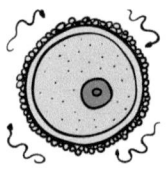

ωάριο

яйцеклетка

σπέρμα

сперма

εγκυμοσύνη

бременност

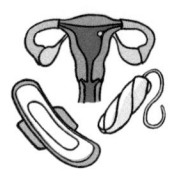

περίοδος

менструация

γυναικείος κόλπος

вагина

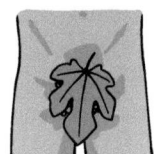

πέος

пенис

φρύδι

вежда

μαλλιά

коса

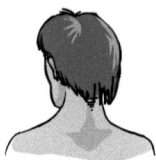

λαιμός

шия

νοσοκομείο
болница

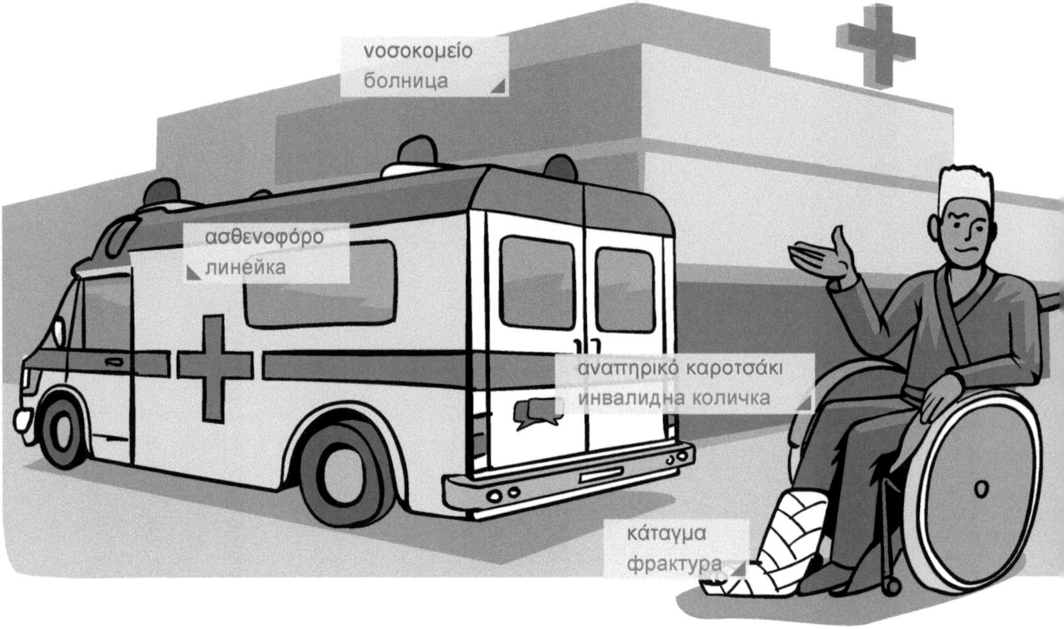

νοσοκομείο
болница
ασθενοφόρο
линейка
αναπηρικό καροτσάκι
инвалидна количка
κάταγμα
фрактура

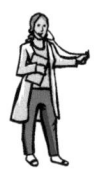

γιατρός

лекар

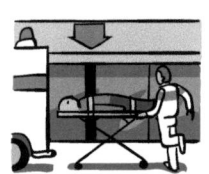

μονάδα εντατικής θεραπείας

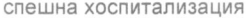

спешна хоспитализация

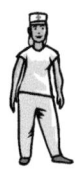

νοσοκόμα

медицинска сестра

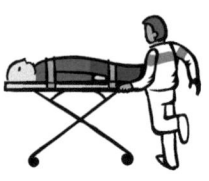

έκτακτη ανάγκη

спешен случай

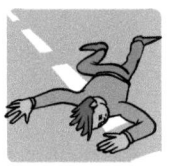

λιπόθυμος

в безсъзнание

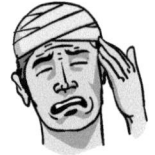

πόνος

болка

τραύμα

нараняване

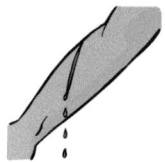

αιμορραγία

кървене

έμφραγμα

инфаркт

εγκεφαλικό

инсулт

αλλεργία

алергия

βήχας

кашлица

πυρετός

температура

γρίπη

грип

διάρροια

диария

πονοκέφαλος

главоболие

καρκίνος

рак

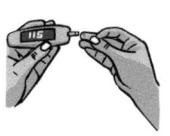

διαβήτης

диабет

χειρουργός

хирург

νυστέρι

скалпел

εγχείρηση

операция

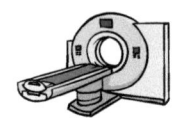

αξονική τομογραφία

компютърна томография

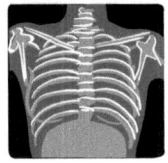

ακτινογραφία

рентген

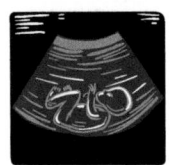

υπέρηχος

ултразвук

μάσκα

маска

ασθένεια

болест

αίθουσα αναμονής

чакалня

πατερίτσα

патерица

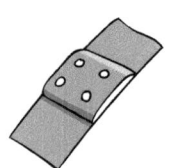

χάνσαπλαστ

пластир

επίδεσμος

превръзка

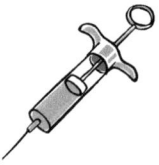

ένεση

инжекция

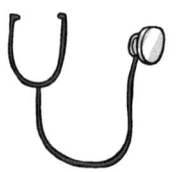

στηθοσκόπιο

стетоскоп

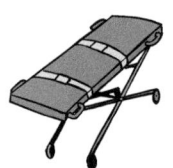

φορείο

носилка

θερμόμετρο

термометър

γέννηση

раждане

υπέρβαρο

наднормено тегло

ακουστικό βαρηκοΐας

слухов апарат

αντισηπτικό

дезинфекционно средство

λοίμωξη

инфекция

ιός

вирус

HIV/AIDS

HIV / AIDS

φάρμακο

медицина

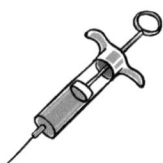

εμβολιασμός

ваксинация

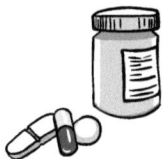

δισκία

таблети

χάπι

противозачатъчна
таблетка

κλήση έκτακτης ανάγκης

спешно телефонно
обаждане

πιεσόμετρο αίματος

апарат за измерване на
кръвното налягане

άρρωστος / υγιής

болен / здрав

έκτακτη ανάγκη
спешен случай

Βοήθεια!
Помощ!

συναγερμός
сигнал за тревога

βιαιοπραγία
нападение

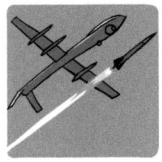

επίθεση
атака

κίνδυνος
опасност

έξοδος κινδύνου
авариен изход

Φωτιά!
Пожар!

πυροσβεστήρας
пожарогасител

ατύχημα
злополука

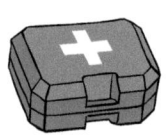

κουτί πρώτων βοηθειών
комплект за оказване на първа помощ

SOS
SOS

αστυνομία
полиция

Ευρώπη

Европа

Βόρεια Αμερική

Северна Америка

Νότια Αμερική

Южна Америка

Αφρική

Африка

Ασία

Азия

Αυστραλία

Австралия

Ατλαντικός Ωκεανός

Атлантически океан

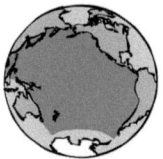

Ειρηνικός Ωκεανός

Тихи океан

Ινδικός Ωκεανός

Индийски океан

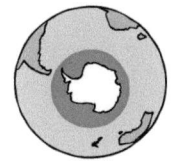

Ανταρκτικός Ωκεανός

Южен ледовит океан

Αρκτικός Ωκεανός

Северен ледовит океан

Βόρειος Πόλος

Северен полюс

Νότιος Πόλος

Южен полюс

Ανταρκτική

Антарктида

Γη

Земя

γη

суша

θάλασσα

море

νησί

остров

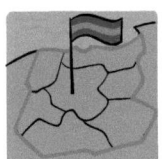

έθνος

нация

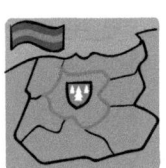

πολιτεία

държава

καντράν ρολογιού

циферблат

ωροδείκτης

стрелка на часовете

λεπτοδείκτης

стрелка на минутите

δείκτης δευτερολέπτων

стрелка на секундите

Τι ώρα είναι;

Колко е часът?

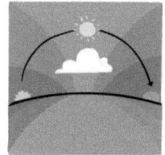

ημέρα

ден

χρόνος

време

τώρα

сега

ψηφιακό ρολόι

дигитален часовник

λεπτό

минута

ώρα

час

Δευτέρα / понеделник — MO

Τετάρτη / сряда — W

Παρασκευή / петък — FR

Τρίτη / вторник — TU

Πέμπτη / четвъртък — TH

Σάββατο / събота — SA

Κυριακή / неделя — SO

χθες
....
вчера

σήμερα
....
днес

αύριο
....
утре

πρωί
....
сутрин

μεσημέρι
....
обед

βράδυ
....
вечер

MO	TU	WE	TH	FR	SA	SU
1	2	3	4	5	6	7
8	9	10	11	12	13	14
15	16	17	18	19	20	21
22	23	24	25	26	27	28
29	30	31	1	2	3	4

εργάσιμες ημέρες
....
работни дни

MO	TU	WE	TH	FR	SA	SU
1	2	3	4	5	6	7
8	9	10	11	12	13	14
15	16	17	18	19	20	21
22	23	24	25	26	27	28
29	30	31	1	2	3	4

Σαββατοκύριακο
....
уикенд

έτος

година

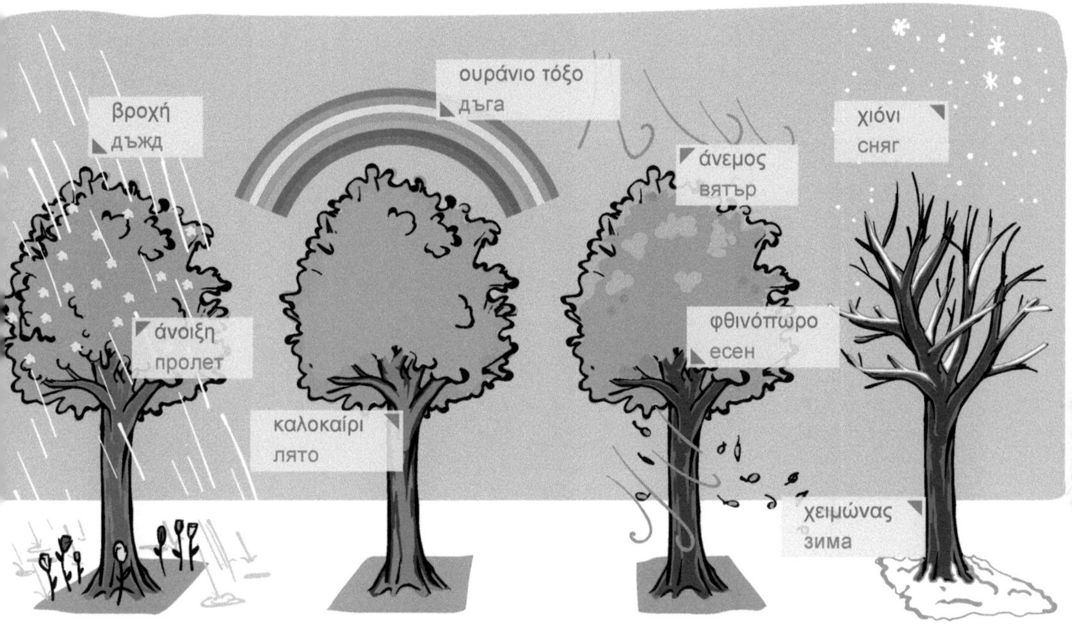
βροχή
дъжд
ουράνιο τόξο
дъга
άνεμος
вятър
χιόνι
сняг
άνοιξη
пролет
καλοκαίρι
лято
φθινόπωρο
есен
χειμώνας
зима

4.APRIL 11°
5.APRIL 4°
6.APRIL 13°
7.APRIL 8°
8.APRIL 10°

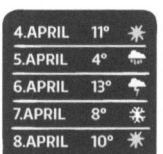

πρόγνωση καιρού

прогноза за времето

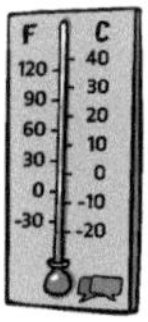
F
C
120
90
60
30
0
-30
40
30
20
10
0
-10
-20

θερμόμετρο

термометър

λιακάδα

слънчева светлина

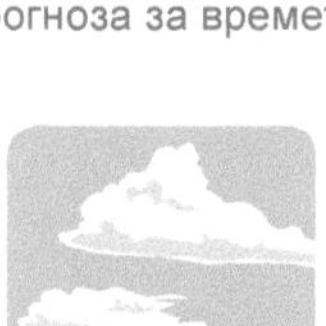

σύννεφο

облак

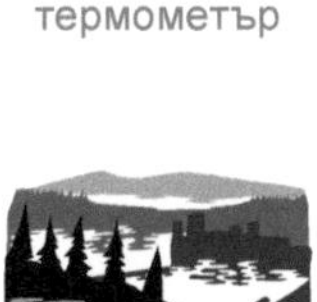

ομίχλη

мъгла

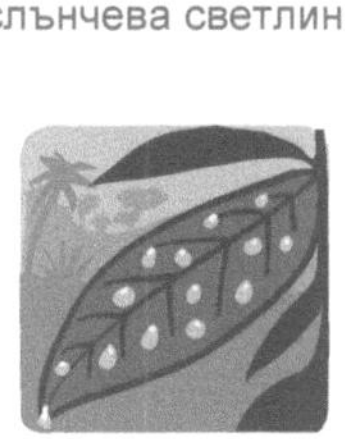

υγρασία

влажност на въздуха

αστραπή

светкавица

κεραυνός

гръмотевица

καταιγίδα

буря

χαλάζι

градушка

μουσώνας

мусон

πλημμύρα

наводнение

πάγος

лед

Ιανουάριος

януари

Φεβρουάριος

февруари

Μάρτιος

март

Απρίλιος

април

Μάιος

май

Ιούνιος

юни

Ιούλιος

юли

Αύγουστος

август

έτος - година

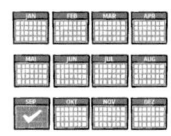

Σεπτέμβριος

септември

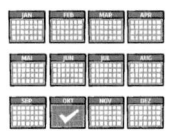

Οκτώβριος

октомври

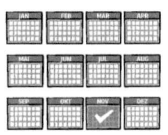

Νοέμβριος

ноември

Δεκέμβριος

декември

σχήματα
форми

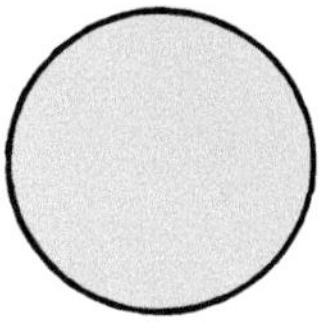

κύκλος

кръг

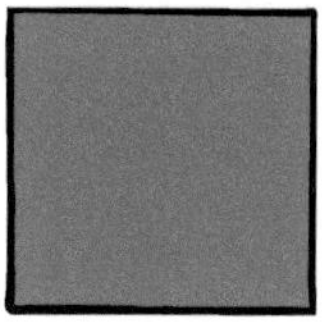

τετράγωνο

квадрат

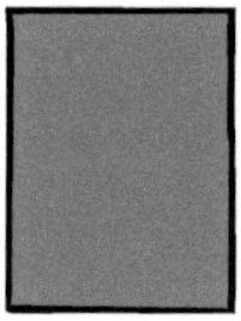

ορθογώνιο
παραλληλόγραμμο
четириъгълник

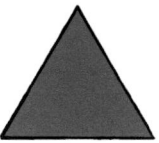

τρίγωνο

триъгълник

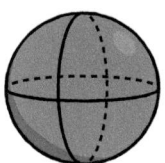

σφαίρα

сфера

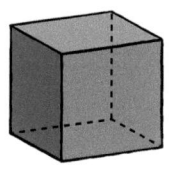

κύβος

куб

χρώματα

цветове

άσπρο

бял

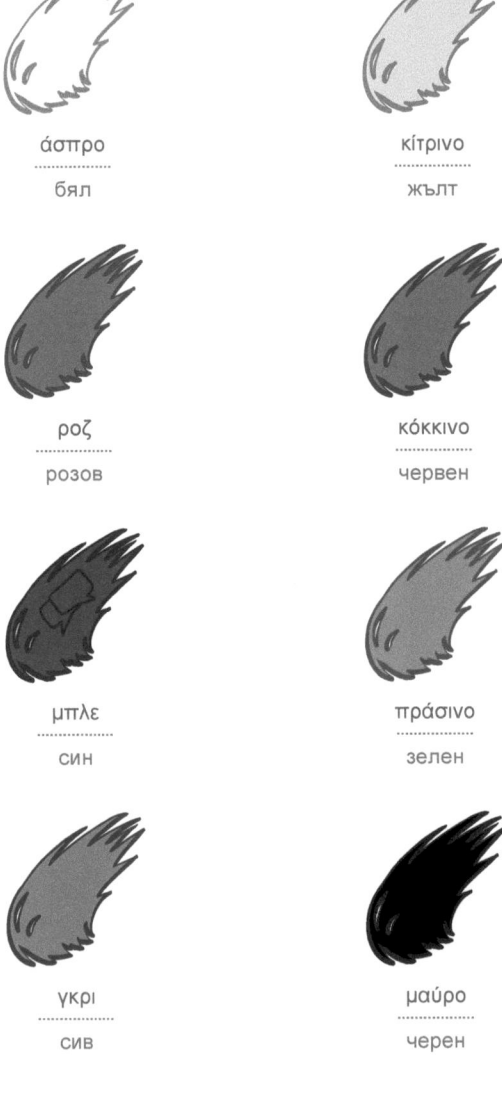

κίτρινο

жълт

πορτοκαλί

оранжев

ροζ

розов

κόκκινο

червен

μωβ

лилав

μπλε

син

πράσινο

зелен

καφέ

кафяв

γκρι

сив

μαύρο

черен

πολύ / λίγο

много / малко

θυμωμένος / ήρεμος

ядосан / спокоен

όμορφος / άσχημος

красив / грозен

αρχή / τέλος

начало / край

μεγάλος / μικρός

голям / малък

φωτεινός / σκοτεινός

светъл / тъмен

αδελφός / αδελφή

брат / сестра

καθαρός / λερωμένος

чист / мръсен

πλήρης / ατελής

пълен / непълен

ημέρα / νύχτα

ден / нощ

νεκρός / ζωντανός

мъртъв / жив

φαρδύς / στενός

широк / тесен

βρώσιμος / μη βρώσιμος

ядлив / неядлив

κακός / ευγενικός

сърдит / любезен

ενθουσιασμένος / βαριεστημένος

развълнуван / скучаещ

παχύς / λεπτός

дебел / тънък

πρώτος / τελευταίος

най-напред / най-накрая

φίλος / εχθρός

приятел / враг

γεμάτος / άδειος

пълен / празен

σκληρός / μαλακός

твърд / мек

βαρύς / ελαφρύς

тежък / лек

πείνα / δίψα

глад / жажда

άρρωστος / υγιής

болен / здрав

παράνομος / νόμιμος

нелегален / легален

έξυπνος / χαζός

интелигентен / глупав

αριστερός / δεξιός

ляво / дясно

κοντινός / μακρινός

близо / далече

καινούριος /
μεταχειρισμένος

нов / употребяван

τίποτα / κάτι

нищо / нещо

γέρος | νέος

стар / млад

αναμμένος / σβηστός

вкл. / изкл.

ανοιχτός / κλειστός

отворен / затворен

χαμηλόφωνος /
μεγαλόφωνος

тих / силен (звук)

πλούσιος / φτωχός

богат / беден

σωστός / λανθασμένος

правилен / погрешен

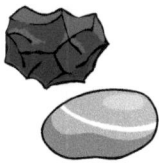

τραχύς / λείος

грапав / гладък

λυπημένος / χαρούμενος

тъжен / щастлив

κοντός / μακρύς

дълъг / къс

αργός / γρήγορος

бавен / бърз

υγρός / στεγνός

мокър / сух

ζεστός / δροσερός

топъл / студен

πόλεμος / ειρήνη

война / мир

αντίθετα - противоположности

αριθμοί

числа

0

μηδέν

нула

1

ένα

едно

2

δύο

две

3

τρία

три

4

τέσσερα

четири

5

πέντε

пет

6

έξι

шест

7

εφτά

седем

8

οκτώ

осем

9

εννιά

девет

10

δέκα

десет

11

έντεκα

единадесет

12
δώδεκα
дванадесет

13
δεκατρία
тринадесет

14
δεκατέσσερα
четиринадесет

15
δεκαπέντε
петнадесет

16
δεκαέξι
шестнадесет

17
δεκαεφτά
седемнадесет

18
δεκαοκτώ
осемнадесет

19
δεκαεννέα
деветнадесет

20
είκοσι
двадесет

100
εκατό
сто

1.000
χίλια
хиляда

1.000.000
εκατομμύριο
милион

γλώσσες

езици

Αγγλικά

английски

Αμερικάνικα Αγγλικά

американски английски

Μανδαρίνικα Κινέζικα

китайски мандарин

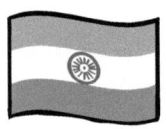

Χίντι

хинди

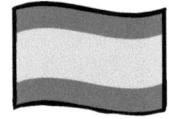

Ισπανικά

испански

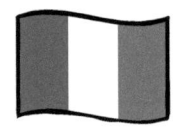

Γαλλικά

френски

Αραβικά

арабски

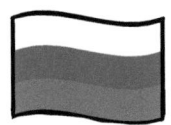

Ρώσικα

руски

Πορτογαλικά

португалски

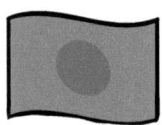

Μπενγκάλι

бенгалски

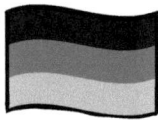

Γερμανικά

немски

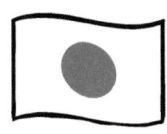

Ιαπωνικά

японски

ποιος / τι / πως
кой / какво / как

εγώ

аз

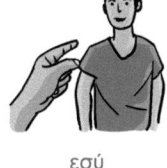

εσύ

ти

αυτός / αυτή / αυτό

той / тя / то

εμείς

ние

εσείς

вие

αυτοί / αυτές / αυτά

те

ποιος / ποια / ποιο;

кой?

τι;

какво?

πώς;

как?

πού;

къде?

πότε;

кога?

όνομα

име

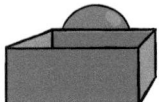

που

къде

πίσω

зад

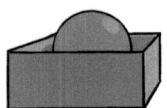

μέσα

в

μπροστά

пред

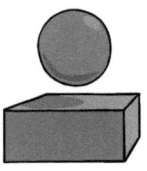

πάνω από

над

πάνω

върху

κάτω

под

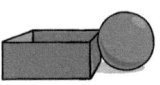

δίπλα

до

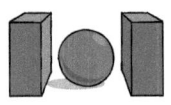

ανάμεσα

между

μέρος

място